Wendy Blanco Donaire

Princípio da Razoabilidade Legal

AF155433

Wendy Blanco Donaire

Princípio da Razoabilidade Legal

Parâmetro de Controle Constitucional, Regulatório e Interpretativo

ScienciaScripts

Imprint

Any brand names and product names mentioned in this book are subject to trademark, brand or patent protection and are trademarks or registered trademarks of their respective holders. The use of brand names, product names, common names, trade names, product descriptions etc. even without a particular marking in this work is in no way to be construed to mean that such names may be regarded as unrestricted in respect of trademark and brand protection legislation and could thus be used by anyone.

Cover image: www.ingimage.com

This book is a translation from the original published under ISBN 978-620-3-03387-8.

Publisher:
Sciencia Scripts
is a trademark of
Dodo Books Indian Ocean Ltd. and OmniScriptum S.R.L publishing group

120 High Road, East Finchley, London, N2 9ED, United Kingdom
Str. Armeneasca 28/1, office 1, Chisinau MD-2012, Republic of Moldova, Europe
Managing Directors: Ieva Konstantinova, Victoria Ursu
info@omniscriptum.com

Printed at: see last page
ISBN: 978-620-3-20882-5

Princípio da Razoabilidade Jurídica

Msc Wendy Blanco Donaire

Conteúdo

INTRODUÇÃO

Não há dúvida de que a lei e as normas constituem um instrumento fundamental para a ordenação da vida social, cujo objectivo principal é a justiça e o bem comum.

A ideia de razoabilidade implica um exame das "razões" da lei e dessas regras para a sua aplicação num país, a racionalidade dos meios e fins, explicando o que é o factor de justificação do sistema jurídico.

Por outras palavras, a validade de uma regra não pode ser limitada a uma simples verificação formal; é necessária uma verificação da razoabilidade e proporcionalidade do próprio conteúdo, bem como da sua harmonia com os direitos fundamentais.

Quando o legislador sanciona uma norma, quando o juiz emite uma sentença, ou o administrador emite um acto administrativo, procura-se em todos os casos gerar os meios necessários para alcançar um fim desejado. Neste processo de criação normativa ou interpretação legal, existe normalmente mais do que uma alternativa para o mesmo propósito. Quando a norma é razoável, não só em si mesma, mas também em relação a todo o sistema jurídico, só desta forma pode ser considerada como estando de acordo com a lei e, portanto, justa [1].

Este princípio evita a tomada de decisões inconscientes, na medida em que as regras, actos e acções públicas devem basear-se em critérios de equidade.

---

[1] Sapag Mariano A. (2008) O Princípio da Proporcionalidade e Razoabilidade como limite constitucional do Estado: um estudo comparativo. Di Kaion No. 17 Universidad de la Sabana. Colômbia.

Assim, este livro pretende analisar a Razoabilidade Legal desde a sua definição, origem e alcance como Princípio Geral do Direito, e ao mesmo tempo, analisar a base normativa do conceito e os seus elementos e aplicações à realidade legal.

A. Definição de razoabilidade legal
B.

A palavra "razoabilidade" vem do latim *"rationabilis", um* adjectivo que significa ordenado, apenas, de acordo com a razão; aquele que pensa ou trabalha de uma forma que não pode ser censurado (Lépiz 2009).

Alude à razão, raciocínio ou algo racional. De facto, uma vez que a Lei é uma ordem humana, requer o recurso à razão: daí deriva a ideia de que a Lei é uma ordem racional e será uma ordem humana na medida em que seja razoável.

Linares (2002) explica que na ciência da Lei da Razoabilidade é apresentada quando se procura uma razão suficiente para uma conduta partilhada, e por Razoabilidade no sentido estrito apenas se entende o fundamento da verdade e da justiça.

Desta forma, uma relação íntima e estreita entre razão, verdade e justiça pode ser vislumbrada. A ideia de Razoabilidade, num sentido lato, implica um exame das razões da lei, examinando a racionalidade dos meios e dos fins da lei (Sapag 2008).

O raciocínio é uma cadeia de proposições significativamente ligadas umas às outras, é um meio através do qual o conhecimento é obtido. O conhecimento proporciona segurança às pessoas nos fundamentos das suas crenças e decisões no mundo (González 1996).

Mas, em geral, um raciocínio jurídico não pode ser considerado como certo ou errado, mas depende da situação concreta a resolver e do critério de que a autoridade se aplica para a sua resolução, sendo que o que resolve de uma forma de cada vez, pode ser resolvido de outra forma numa altura posterior.

Contudo, a razão não pode limitar-se ao senso comum, mas deve ter em conta que existe um processo disciplinado de observação e escolha entre os valores subjacentes ao sistema jurídico (Vargas 1998).

Agora, é comum ouvir na doutrina não só o termo Razoabilidade mas também racionalidade.

Segundo González (1996), a Racionalidade Jurídica consiste numa ilação de proposições em virtude das quais, as conclusões são estabelecidas pela conjunção, dessa conclusão, com outras proposições denominadas premissas. O raciocínio será válido na medida em que obedeça às regras de formação e transformação das proposições, e o significado das referidas proposições será verdadeiro na medida em que se adaptem à realidade das coisas.

A racionalidade é a actividade de estabelecer o raciocínio para as conclusões a que se chega.

Por outras palavras, as coisas conhecidas a partir das quais começa o raciocínio, ou os julgamentos dados a partir dos quais passa a um novo julgamento constituem o antecedente; aquilo que deve ser conhecido, a partir do que já é conhecido, é chamado de consequência. Finalmente, a ligação entre o antecedente e o consequente, ou seja, aquilo que permite passar do primeiro ao segundo, ou aquilo que legitima o trânsito ou o discurso do antecedente ao consequente é chamado de consequência (Mans 1978).

Os analistas definem a razoabilidade como o grau de legitimidade sociológica para chegar a uma determinada decisão, e a razoabilidade como o procedimento; um juízo lógico formal. A Razoabilidade do Direito é dada pela aceitação intersubjectiva do racional, que se realiza entre um núcleo de homens capazes de chegar a acordo sobre um assunto (Bazán e Madrid 1991).

A lei requer uma base racional uma vez que em si mesma é um jogo entre meios e fins: os fins últimos da lei (justiça, bem comum), os fins intermediários ou mediados, e os mesmos meios que são utilizados para alcançar o fim. Uma vez que a lei é uma ordem humana, é essencial recorrer às "razões" da lei para a justificar.

Alguns afirmam que a Razoabilidade e a Racionalidade estão unificadas no mesmo ponto: o racional manifesta-se de acordo com a dignidade do homem, cujo aspecto operacional é os Direitos Humanos, e o razoável reside em todos os membros do público universal.

De facto, na década de 1980 era comum encontrar o racional e o racionável como sinónimos. Por exemplo, Dromi (1980) define a racionalidade da seguinte forma:

"Um dos limites do exercício da liberdade de apreciação que o poder discricionário implica é que ele seja exercido racionalmente. É uma consequência do princípio que impõe à administração uma acção lógica e consistente. Irracionalidade e ilogismo aparecem então como uma falta de consequência e nexo lógico entre as diferentes partes que formam o acto administrativo.

Nesse caso, haveria ilogismo devido a uma contradição na exposição de motivos ou na parte operativa do acto ou a uma falta de correspondência entre a exposição de motivos e a parte operativa.

Embora o autor defina o conceito de racionalidade, este enquadra-se perfeitamente no significado de Razoabilidade, fazendo parecer que ambos são o mesmo.

Outros, contudo, afirmam que estes dois conceitos são diferentes: o primeiro são as ideias lógicas aceites por uma comunidade ou sociedade e o segundo pela filosofia como algo divino (Perelman 1984).

Do ponto de vista jurídico, a Razoabilidade visa a procura de razões suficientes para uma conduta, que pode ser na essência quando uma regra é formada, baseada num facto ou como um cabo de justiça.

A razoabilidade funciona como um critério que permite chegar a uma solução justa dentro da Lei, seja ela uma solução normativa, uma solução num processo contencioso, etc. Esta solução justa requer que seja humana, não violenta, não arbitrária: de alguma forma, de acordo com certas razões (Sapag 2008).

Por outras palavras, este princípio implica simplesmente justiça.

O problema da justiça é a correspondência ou não da norma com os valores superiores ou finais que inspiram uma certa ordem jurídica. Perguntar a si próprio se uma norma é justa ou injusta equivale a perguntar a si próprio se é capaz ou não de realizar esses valores. E também uma questão entre o que é e o que deveria ser (Bobbio 1994).

No entanto, este princípio evita a tomada de decisões inconscientes, na medida em que as regras, actos e acções públicas devem basear-se em critérios de equidade.

Para além da formulação técnica jurídica, este princípio está relacionado com a ideia de justiça material, permanecendo ao longo da história não só no pensamento jurídico mas também moral e filosófico, ecoando numa linguagem proverbial.

Hauriou (1979) definiu-o como *"um gosto pela organização racional"*. É inteligível para um observador, que é dotado de uma organização racional e que, quando se encontra na posição de leis fundamentais que regem uma série de fenómenos determinados, deduz um certo número de consequências que geralmente encontram verificação nos factos.

O Tribunal Constitucional Colombiano, também em múltiplas ocasiões, definiu o princípio da Razoabilidade como sinónimo de justiça e equidade. Por exemplo, será citado como no Acórdão n.º 530/93, expresso o seguinte em relação a esta comparação ou relação dada a ambos os termos:

"A razoabilidade refere-se ao facto de um julgamento, raciocínio ou ideia estar de acordo com a prudência, justiça ou equidade que se aplicam ao caso específico. Ou seja, quando uma acção ou expressão de uma ideia, julgamento ou raciocínio é justificada pela sua conveniência ou necessidade. A racionalidade expressa o exercício da razão como regra e medida dos actos humanos".

Ambos os conceitos, como se pode observar, estão intimamente ligados, pelo que são utilizados em muitas ocasiões como se fossem exactamente os mesmos, uma vez que estão relacionados com justiça, equidade, embora, como se pode observar, a racionalidade seja mais uma regra para raciocinar correctamente ou um conjunto de regras, enquanto a Razoabilidade é um pouco mais filosófica ou ligada a uma Lei enquanto tal.

"A razoabilidade funciona como um factor de justificação para o sistema jurídico. Quando o legislador sanciona uma norma, quando o juiz emite uma sentença, ou o administrador emite um acto administrativo, procura-se em todos os casos gerar os meios necessários para alcançar um fim desejado. Neste processo de criação normativa ou interpretação legal, existe normalmente mais do que uma alternativa para o mesmo propósito. Quando a norma é razoável, não só em si mesma, mas também em relação a todo o sistema jurídico, só desta forma pode ser considerada "correcta" e, portanto, justa" (Sapag 2008).

Como se pode ver, a razoabilidade tem sido tão importante no desenvolvimento do sistema jurídico que é utilizada como um ponto de partida necessário antes de se falar de lei ou mesmo de justiça.

"A questão da razoabilidade de uma lei, um julgamento, um acto administrativo ou qualquer acto normativo tem implicações que estão ligadas à própria noção de direito e justiça.

A compreensão da noção de Razoabilidade deve partir de duas premissas básicas: A primeira é que a lei é um instrumento fundamental para os homens organizarem a vida social. A segunda premissa é que a lei procura cumprir um fim que, pode dizer-se, é alcançar relações justas entre os homens: a realização da justiça e do bem comum" (Sapag 2008).

É, portanto, não só um princípio, mas também um instrumento útil para fazer Direito.

"A alegação de Razoabilidade da ordem jurídica não pode ser negada, na qual sem dúvida se baseia o princípio da proporcionalidade, a mera alusão a essa qualidade não é suficiente porque exige um argumento tão disperso e difícil de controlar, que na realidade deixa quase à simples intuição do operador jurídico o seu conteúdo, no final, os requisitos de proporcionalidade são elementos da Razoabilidade de uma decisão jurídica, que podem ser aplicados sem referência especial a uma cultura jurídica porque são apreensíveis ao intelecto humano" (Sanchez 2007).

A Câmara Constitucional da Costa Rica declarou repetidamente que a lei não pode nem deve ser irracional, uma vez que os meios seleccionados devem ter uma relação real e substancial com o objecto a perseguir.

Nesta perspectiva, racionalidade técnica significa proporcionalidade entre meios e fins; racionalidade jurídica implica uma o cumprimento da Constituição em geral e, em particular, dos Direitos e Liberdades nela reconhecidos e garantidos e dos Instrumentos Internacionais de Direitos Humanos devidamente em vigor no país; e, finalmente, a razoabilidade relativamente aos bens pessoais implica que não podem ser impostas quaisquer outras limitações ou encargos a estes direitos que sejam razoavelmente derivados da sua natureza, nem maiores do que os indispensáveis para que funcionem razoavelmente na sociedade2.

Ao exigir a razoabilidade do sistema jurídico, o objectivo é minimizar a arbitrariedade, procurando a harmonia com outros princípios tais como os Direitos Fundamentais, que funcionam como princípios (Sapag 2008).

Campos (2000) menciona que este conceito legal indeterminado é clarificado quando o núcleo essencial de cada direito é penetrado, tal núcleo é aquele que não tolera a supressão ou, por outras palavras, é aquele núcleo que não pode ser extinto, alterado, danificado, ou frustrado. Quando o núcleo é preservado, a limitação à Lei é Razoável; quando é afectado, há arbitrariedade e Inconstitucionalidade. Isto não é para petrificar este instrumento, mas para permitir aos juízes basear suficiente e correctamente as suas decisões, e chegar a soluções mais justas.

É evidente, então, que, por exemplo, no que diz respeito à imposição de sanções penais, no caso de pressupostos de razoabilidade, estes devem ser ajustados aos danos ou prejuízos inferidos para o bem jurídico e às suas consequências.

---

2 Res. Nº 20110-6805 Câmara Constitucional do Supremo Tribunal de Justiça. São José, às 10:31 da manhã do dia 27 de Maio de 2011

O papel de um Tribunal Constitucional nestes casos reduz-se a estabelecer se o caso contestado respeita ou não os limites da razoabilidade e proporcionalidade das penas, que cada legislador tem numa democracia. Não cabe à Câmara Constitucional, por exemplo, determinar de forma alguma o montante das penalidades, ou como estas devem ser ajustadas a parâmetros razoáveis, mas apenas indicar quando estas últimas foram excedidas.[3]

A ideia de tal princípio de construção abstracta é sujeitar qualquer acção a um parâmetro de Razoabilidade destinado a avaliar a relevância de tais disposições. A aplicação mais comum será aquela em que uma medida de diferenciação é ventilada (Sánchez 2003).

Isto imporá a necessidade de avaliar de forma casuística as condições que informam as espécies factuais e determinam, de acordo com a concepção de que na Razoabilidade a solução mais aceitável é tratada ou apegada ao senso comum.

No final do século XIX, este conceito de razoabilidade foi **elevado a um recurso axiológico que limita a acção do órgão legislativo**. Desde então, podemos falar de um processo justo como uma garantia genérica de liberdade, ou seja, como uma garantia substantiva. A superação do "devido processo" como garantia processual deve-se basicamente ao facto de que **mesmo a lei que foi ajustada ao procedimento estabelecido e é válida e eficaz, pode prejudicar o direito**

---

[3] Res. nº 2008-05179 Câmara Constitucional do Supremo Tribunal de Justiça. São José, às onze horas do dia 4 de Abril, dois mil e oito

da **Constituição**. A fim de fazer um juízo sobre a *razoabilidade da* doutrina americana, convida-nos a examinar em primeiro lugar a chamada *"razoabilidade técnica"* na qual a norma específica é examinada (lei, regulamento, etc.) Uma vez estabelecido que a norma escolhida é adequada para regular um determinado assunto, será necessário examinar se existe proporcionalidade entre o meio escolhido e o fim procurado. Uma vez superado o critério da *"razoabilidade técnica"*, a *"razoabilidade jurídica" deve ser* a nalisada.

Na votação n.º 5236-99, a Câmara Constitucional do Supremo Tribunal de Justiça estabeleceu os seguintes componentes de razoabilidade

"Para este fim, esta doutrina propõe examinar: a) A razoabilidade pesada, que é um tipo de avaliação jurídica que é aplicada quando, tendo em conta a existência de um certo precedente (por exemplo, rendimentos), é necessário um certo benefício (por exemplo b) Razoabilidade da igualdade, que é o tipo de avaliação jurídica que pressupõe que deve haver consequências iguais face a antecedentes iguais, sem excepções arbitrárias; c) Razoabilidade da finalidade: neste ponto avalia-se se o objectivo a alcançar não ofende as finalidades estabelecidas na constituição".

Para este fim, esta doutrina propõe-se examinar: a) *a ponderação da razoabilidade*,

que é um tipo de avaliação jurídica que é utilizada quando é necessário um determinado benefício (por exemplo, rendimentos), e neste caso deve ser estabelecido se é equivalente ou proporcional; b) a *razoabilidade* da *igualdade é* o tipo de avaliação jurídica

que, para além do facto de, face a precedentes iguais, deve haver consequências iguais, sem excepções arbitrárias; c) *razoabilidade no final:* neste ponto, avalia-se se o objectivo a alcançar, não ofende os objectivos estabelecidos na constituição. Dentro desta mesma análise, não é suficiente afirmar que um meio é um fim razoavelmente adequado; é também necessário verificar a natureza e a dimensão da limitação que por esse meio um direito pessoal deve perdurar.

Assim, se o mesmo fim puder ser alcançado procurando outro meio que produza uma limitação menos pesada dos direitos pessoais, o meio escolhido não é razoável. Foi no julgamento número 01739-92, às 11:45 da manhã de 1 de Julho de 1962, que foi feita a primeira tentativa para definir este princípio, como se segue

"A razoabilidade como parâmetro de interpretação constitucional ... mas que entre nós, especialmente na ausência dessa necessidade, equivaleria simplesmente ao princípio da razoabilidade das leis e outras regras ou actos públicos ou mesmo privados como requisito da sua própria validade constitucional, no sentido de que devem ser ajustados, e não apenas as regras ou os preceitos concretos da Constituição, mas também ao sentido de Justiça o que implica o cumprimento de requisitos

equidade, proporcionalidade e razoabilidade, entendidas

Estes como adequação para os fins propostos, os princípios

pressupostos e valores pressupostos na lei da Constituição. A partir daí

que as leis e, em geral, as regras e actos de autoridade exigem para a sua validade,

não só que tenham sido promulgados por organismos competentes e procedimentos

devidos, **mas também que sejam submetidos a uma revisão substantiva da sua**

conformidade com as regras, princípios e valores supremos da Constituição

(formais e materiais), tais como os da ordem, paz, segurança, justiça, liberdade,

etc., que são configurados como padrões de **razoabilidade.** Por outras palavras,

uma regra ou acto público ou privado só é válido quando, para além da sua

conformidade formal com a Constituição, é razoavelmente fundamentado e

justificado de acordo com a ideologia constitucional. Desta forma, garante-se não

só que a lei não é irracional, arbitrária ou caprichosa, mas também que os meios

seleccionados têm uma relação real e substancial com o seu objecto. É então

feita uma distinção entre razoabilidade técnica, que é, como se afirma, a

proporcionalidade entre meios e fins; razoabilidade jurídica, ou conformidade

com a Constituição em geral, e especialmente com os direitos e liberdades por

ela reconhecidos ou assumidos; e finalmente, razoabilidade dos efeitos sobre os

direitos pessoais, no sentido de não impor a esses direitos outras limitações ou

encargos que não os razoavelmente derivados da natureza e do regime de

15

direitos próprios, nem maiores do que os indispensáveis para o seu

funcionamento razoável na vida da sociedade.

A legitimidade, portanto, refere-se ao facto de que o objectivo pretendido pelo acto ou disposição contestada não deve ser, pelo menos legalmente, proibido; a adequação indica que a medida estatal em questão deve ser capaz de alcançar efectivamente o objectivo pretendido: necessidade significa que a autoridade competente deve escolher, de entre várias medidas igualmente adequadas para alcançar esse objectivo, aquela que afecta o menos possível a esfera jurídica do indivíduo; e proporcionalidade no sentido estrito significa que, para além da exigência de que a regra seja adequada e necessária, aquilo que prescreve não deve ser desproporcionado em relação ao objectivo pretendido, ou seja, não deve ser "aplicável" ao indivíduo

C. Origem do Princípio da Razoabilidade

O princípio da razoabilidade tem as suas raízes tanto no direito anglo-saxónico *(devido processo de direito)* como no direito europeu (onde é chamado o princípio da proporcionalidade); o seu nascimento e desenvolvimento ocorreram simultaneamente, mas com alcance semelhante em ambas as tradições (Sapag 2008).

Foi então mencionada tacitamente pela jurisprudência do Supremo Tribunal dos Estados Unidos da América, na sequência da 14ª Emenda à Constituição Federal.

---

[4] Acórdão nº 01739-92, de 11:45 da manhã de 1 de Julho de 1962, Câmara Constitucional da Costa Rica.
5 Sentença número 03933-98, datada de 12 de Junho de 1998, às 9:59 a.m., Câmara Constitucional da Costa Rica.

Esta jurisprudência foi directamente focalizada com o Direito Comum, referindo-se, portanto, ao desenvolvimento do direito natural e ao valor da justiça.

Quando a lei natural declinou, o positivismo triunfou e as próprias avaliações assumiram a forma de direitos fundamentais. A primeira referência a este princípio data de 1610, quando o Juiz Edward Coke estabeleceu que quando uma Lei do Parlamento fosse contrária ao direito comum e à razão, deveria prevalecer e tal Lei deveria ser declarada sem valor. Os princípios da igualdade e do devido processo são então seguidos.

A exigência de um processo justo evolui para ser entendida como uma garantia de respeito pelos direitos dos cidadãos e não apenas pelos direitos processuais das autoridades públicas (Pereira 2004).

"Na concepção inicial, o 'devido processo' era dirigido à acusação processual do acto legislativo e ao seu efeito sobre os direitos substantivos. No final do século XIX, foi elevado a um recurso axiológico que limita a acção do órgão legislativo. Desde então, podemos falar de um processo justo como uma garantia genérica de liberdade, ou seja, como uma garantia substantiva. É devido ao facto de que mesmo a lei que foi ajustada ao procedimento estabelecido e é válida e eficaz, pode prejudicar o direito da Constituição. A fim de fazer o julgamento da Razoabilidade, a doutrina americana convida a examinar, em primeiro lugar, a chamada Razoabilidade técnica dentro da qual a regra específica é examinada.

para regular certas matérias, será necessário examinar se existe
proporcionalidade entre o meio escolhido e o fim procurado" (Câmara
Constitucional do Supremo Tribunal de Justiça San José, Res. 20110-
6805).

Nasce este princípio da Razoabilidade ou Proporcionalidade.

Tanto nos Estados Unidos, através da evolução da jurisprudência constitucional
sobre o direito ao devido processo, como na Europa, na busca da legitimidade da
actividade das entidades públicas, alcançando a interdição da arbitrariedade resultante
das experiências da primeira metade do século XX (Lépiz 2009).

Estes são critérios para a criação de jurisprudência, que não foram inicialmente
incluídos em nenhum texto positivo. Assim, tanto com base na Proporcionalidade
Continental Europeia como com base na Razoabilidade Anglo-Saxónica, hoje em dia os
tribunais nacionais e internacionais têm em conta a proporção entre meios e fins a fim
de decidir sobre o respeito dos actos públicos pelos direitos dos cidadãos (Pereira
2004).

Quanto à Costa Rica, não existe uma ideia clara quanto à origem e conceito do
princípio da razoabilidade nas decisões da Câmara Constitucional do país, nem existe
qualquer uniformidade cronológica ou técnica na aplicação deste princípio.

Embora se saiba que, desde a criação da Câmara Constitucional em 1989, este
conceito começou a ser tratado e aplicado, reconhecendo o seu valor

como um Princípio Constitucional sem nome que integra o parâmetro do bloco de Constitucionalidade (Vargas 1998).

É portanto necessário esclarecer que em países como a Colômbia, México, Argentina e outros países europeus, como a Alemanha, Suíça, Espanha e França, entre outros, utilizam o conceito de Razoabilidade e vêem-no como Proporcionalidade que, no entanto, para efeitos do presente estudo é exactamente a mesma.

*"O princípio constitucional **(de proporcionalidade) segundo o** qual a intervenção pública deve ser "capaz" de atingir o objectivo prosseguido, "necessária" ou indispensável na ausência de qualquer outra medida menos restritiva da esfera da liberdade dos cidadãos (ou seja, porque é o mais suave e moderado de todos os meios possíveis ou a lei do intervencionismo mínimo) e "proporcional" no sentido estrito, ou seja, "ponderada" ou equilibrada porque dela deriva mais benefícios ou vantagens para o interesse geral do que o dano a outros bens, valores ou bens em conflito, em particular direitos e liberdades"*.

Este princípio é um critério jurisprudencial utilizado tanto no direito anglo-saxónico como no direito continental para julgar as acções tanto das autoridades públicas como dos particulares em relação aos direitos dos cidadãos. E embora sejam geralmente considerados comparáveis (Proporcionalidade e Razoabilidade), ambos os princípios tiveram origens diferentes (Pereira 2004).

B.1 Proporcionalidade Origem

O termo Proporcionalidade vem do latim *"proportionalitas- atis"* que significa conformidade ou proporção de algumas partes com o todo ou coisas relacionadas. Por outro lado, "proporção" denota a conformidade ou a devida correspondência das partes de uma coisa com o todo ou entre coisas relacionadas entre si, implicando o advérbio "proporcional", algo regular, competente ou adequado para o que é necessário (Vargas 1998).

No campo jurídico, com base em pensadores da tradição ocidental como Pitágoras, Aristóteles, Tomás de Aquino e outros, considera a proporcionalidade como um derivado do princípio da proporcionalidade como um derivado da igualdade, e da justiça.

O nascimento do Princípio da Proporcionalidade é analisado através da formulação da separação do poder como um quadro institucional. É o equilíbrio de poderes que nos ajudará a saber onde o juiz controla e de onde o seu discurso terá de ser refinado, se não quiser perder a legitimidade da razão que lhe foi confiada pela Constituição (Fernández 2008).

Entre os pressupostos jurídicos e políticos que determinaram o seu nascimento e formação, destaca-se a concepção do Estado Liberal que emerge da era contemporânea, após o início da Revolução Francesa no final do século XVIII, e ao longo do século XIX. O novo Estado Liberal assume a preservação da paz e da segurança como o bem-estar dos cidadãos. Este princípio é utilizado pela primeira vez especificamente no Direito Penal.

Em 1764, surgiu na Europa o primeiro exemplar do livro de Cesare Beccaria "Of Crimes and Penalties", que denunciou as atrocidades da época, devido à falta de proporcionalidade entre os crimes e as penas, uma vez que a tortura e a pena de morte eram comuns naquela época, com uma investigação secreta, sem direito a defesa, em que a chave era confessar a culpa a todo o custo (Vargas 1998)

Foi precisamente Beccaria (1968) que declarou que as sanções deveriam ser proporcionais umas às outras, não só em termos de força, mas também em termos de como são violadas.

Montesquieu nas suas "Cartas Persas" (1717) também mencionou este mesmo princípio como um requisito para a punição.

As primeiras alusões directas a ela em textos jurídicos encontram-se em "Carl Gottlieb Svarez", editor da Lei Geral do Estado Prussiano de 1974.

Surge como um conceito clássico de direito penal conhecido como a "proibição do excesso" que remonta à jurisprudência do Tribunal Superior de Contencioso Administrativo da Prússia (1875-1941) (Sapag 2008).

Mas foi na Declaração dos Direitos do Homem e do Cidadão (1789), após a Revolução Francesa, que ela foi explicitamente estabelecida.

Na verdade, este princípio é conhecido na Declaração dos Direitos do Homem e do Cidadão (1789), que proclamava que a lei não deveria estabelecer outras sanções além das estritamente e obviamente necessárias. No início do século XVIII, Jon Locke teorizou sobre a monarquia constitucional, salientando que "o poder de uma convenção livre e recíproca, entre homens, cujo resultado é o Estado, *instituição que deve proteger os direitos de propriedade e a igualdade perante a lei*" (Fernández 2008).

A ideologia iluminada, cujos representantes mais proeminentes são Hobbes, Locke, Montesquieu e Rousseau, emerge de duas correntes culturais do século XVIII: primeiro, o racionalismo, que substitui o princípio da autoridade pelo raciocínio lógico como instrumento para compreender a realidade, e segundo, o método científico.

Este critério no direito penal consistia na exigência de que as penas deveriam ser graduadas de forma proporcional ou razoável à infracção; e que deveriam ser estabelecidas com algum grau de proporcionalidade com base na importância social do acto e no bem jurídico protegido (Sapag 2008).

Assim, após a Evolução Francesa, na Alemanha, a primeira indicação da mesma em relação ao Processo Penal teve lugar numa resolução do deutscher Journalistentag, tomada em Bremen a 22 de Agosto de 1875, na qual foi solicitado que as medidas coercivas dirigidas contra os jornalistas que se recusassem a depor como testemunhas fossem proporcionais às penas previstas para os crimes perseguidos (Vargas 1998).

Foi no século XIX que passou do Direito Penal para o Direito Administrativo e foi cunhado como critério para controlar os poderes discricionários da administração e como limite para o exercício do poder policial.

Otto Mayer, fundador da lei administrativa alemã (1982) explica que a medida do poder policial exige que seja proporcional, o que deriva da lei e a própria natureza do exercício deste poder: é uma medida natural que *"adquire a importância de um limite legal sério"*.

Depois, a partir do século XVIII, é utilizado para julgar a actividade do poder executivo, especialmente da polícia. O princípio proíbe o excesso de acção pública no que diz respeito ao seu objectivo, e assim, como uma proibição do excesso, está consagrado na lei alemã.

A doutrina alemã cita a Polizeirecht como o primeiro tratado jurídico-administrativo onde este princípio é formulado, o que também pode ser encontrado na obra de Mayer, para a qual a regra da proporcionalidade funciona como medida natural do poder da polícia, adquirindo a importância de um limite legal (Fernández 2008)

O Tribunal Federal Alemão rapidamente considerou os princípios tradicionais do direito administrativo como princípios constitucionais, e assim levou a máxima proporcionalidade ao controlo dos actos estatais que regulamentam ou intervêm nos direitos fundamentais.

O princípio da proporcionalidade tornou-se agora uma regra administrativa geral, com uma referência obrigatória em todas as actividades, desde que estas possam ser realizadas dentro de uma margem de apreciação e que o legislador não tenha fixado a medida necessária e subsidiária adequada a ser adoptada pelo operador administrativo.

No Acórdão nº 77, 179 da Primeira Câmara do Tribunal Constitucional Federal Alemão de 15 de Dezembro de 1965, menciona:

"Na República Federal da Alemanha, o princípio tem estatuto constitucional. Tem origem no princípio do Estado de direito, na essência dos direitos fundamentais, que como expressão geral do direito do cidadão face ao Estado, só pode ser restringido de uma forma ampla pelas autoridades públicas, quando tal é indispensável".

Tanto a jurisprudência como a doutrina constitucional alemã entendem este princípio como o critério máximo que delimita o conteúdo essencial dos Direitos, e é considerado uma instituição primária da lei constitucional alemã. De facto, no segundo período pós-guerra, este conceito passaria para o campo do Direito Constitucional, de mãos dadas com o Tribunal Constitucional Federal Alemão.

Deve ser proporcional ao mal que procura prevenir, e a autoridade deve escolher os meios que causem menos danos aos interesses dos indivíduos. A intervenção deve ser sempre proporcional às circunstâncias.

O Tribunal Constitucional espanhol chegou ao ponto de dizer que a área em que o princípio da proporcionalidade é normalmente e particularmente aplicável é a dos direitos fundamentais.

De facto, no Acórdão 66/1995, o Tribunal Constitucional espanhol refere-se pela primeira vez a este princípio, com efeito, como um exame da constitucionalidade das intervenções em matéria de direitos fundamentais. Desde então, o princípio da proporcionalidade tem sido aplicado na jurisprudência como critério estrutural para determinar o conteúdo destes direitos (Alexy 2007).

O direito europeu recebe este princípio através da jurisprudência e reflecte-se na versão consolidada do Tratado que institui a Comunidade Europeia e no Protocolo anexo relativo à aplicação dos princípios da subsidiariedade e da proporcionalidade.

De facto, o princípio da proporcionalidade é um princípio que é agora amplamente utilizado no domínio da justiça constitucional e adquiriu enorme peso na jurisprudência do Tribunal Europeu dos Direitos do Homem em Estrasburgo e na jurisprudência do Tribunal de Justiça no Luxemburgo. A nível europeu, o princípio da proporcionalidade foi explicitamente consagrado em algumas constituições e na Carta dos Direitos Fundamentais da União Europeia. Este princípio deve ser entendido como um critério que afecta o desenvolvimento normativo dos direitos. O princípio da proporcionalidade, no domínio da teoria dos direitos, enquadra-se no tema genérico dos limites. O funcionamento do Princípio da Proporcionalidade implica necessariamente a existência de conteúdos limitativos que podem ser extraídos do significado das normas, normalmente Constitucional (de Assis 2006).

Por conseguinte, a versão europeia do princípio da razoabilidade foi entendida como um instrumento para elucidar o conteúdo essencial dos direitos fundamentais face a uma regra que os regula ou restringe, e constitui, por sua vez, um critério para a fundamentação das decisões judiciais que os tratam.

Hoje, o princípio conheceu um extraordinário boom, e a sua utilização foi gerada em quase todas as áreas jurídicas, em particular na

25

Direito Administrativo em que se tornou um princípio orientador fundamental, que funciona como um limite à actividade do Estado que actua no âmbito da liberdade dos cidadãos, e como um instrumento no controlo jurídico material das decisões discricionárias (Fernández 2008).

B.2 A razoabilidade como Princípio

Os juristas sempre souberam que a lei não pode ser compreendida, ou tratada profissionalmente, sem recurso a princípios que muitas vezes não são expressamente formulados como tal nas próprias leis ou em outras disposições oficiais.

Há pelo menos cem anos que isto tem sido objecto de reflexão em estudos sobre o assunto, desde o mais genérico ao mais específico. Alguns destes exames tornaram-se bem conhecidos, mesmo internacionalmente (Del Vecchio, Betti, Esser, Crisafulli, Spiro, Boulanger, Jeanneau, Wolf, Van der Meersch, Carrió, Garstka).

Em Espanha, o Tribunal Constitucional diz que a Teoria dos Princípios é um marco miliário (Acórdão 66/1995).

O facto de haver uma heterogeneidade nos Princípios permite que sejam utilizados, um ou outro, para mais do que um tipo de metodologia interpretativa, utilizada pelos juristas. Estes não se encontram apenas no quadro dos metodologistas dogmáticos, mas também podem reivindicar um papel como métodos sociológicos axiológicos, teleológicos ou empíricos. Caso contrário, podem ser obtidos em função de métodos psicológicos voluntários ou sociológicos realistas ou mesmo gramaticais literais (Haba e Barth 2004 p 24).

O princípio da razoabilidade é um princípio geral do direito. Isto significa, que goza de juridicidade: é obrigatório na aplicação da lei em geral.

O facto de ser considerado como um Princípio significa que, ao contrário das regras que são normas que não admitem graus, um Princípio admite a sua aplicação em graus mas exige o seu máximo cumprimento possível; são *"mandatos de optimização"*, segundo a definição de Alexy Robert (1993).

Mesmo isto significa que faz parte do sistema legal, quer seja ou não expressamente declarado. O estatuto de princípio confere-lhe um grau de abstracção e indeterminação; é por isso que foi dito que o Princípio da Razoabilidade é um conceito jurídico indeterminado.

Funcionalmente, os Princípios do Direito, baseiam e limitam a Lei, tanto supra positivos como positivos, de dentro da Lei, na medida em que actuam com e através dela. São uma consequência da lei natural (Haba e Barth 2004).

A razoabilidade é então um factor que legitima a Lei.

E como tal, surge então a controvérsia sobre se se trata de um Estado de direito ou de um princípio de direito, do qual a sua distinção tem sido a causa de confusão e controvérsia com uma variedade de critérios de distinção.

A distinção entre Princípios e Regras: Constitui a base da fundação fundamental ius e é a chave para a solução dos problemas centrais do dogma dos Direitos Fundamentais.

A diferença entre Regra e Princípio é melhor percebida no momento da sua aplicação, ou quando as regras colidem.

O Princípio não é o mesmo que uma regra de direito, uma vez que os poderes regulados são caracterizados pelo facto de as normas legais estabelecerem as condições em que a Administração deve agir e como deve agir. Eles definem o único comportamento da Administração sem qualquer margem de apreciação subjectiva.

Um dos critérios mais propostos é o da generalidade, em que os Princípios são normas de um grau relativamente elevado de generalidade, enquanto que as regras são de um nível relativamente baixo. Assim, por exemplo, um Princípio é o que permite a liberdade de religião, e uma regra de baixa generalidade seria uma lei segundo a qual cada prisioneiro tem o direito de converter outros.

Talvez a distinção entre princípios e regras deva ser concebida não em termos da derrota das directrizes em questão, mas em termos do grau de abertura ou concretude das directrizes. Talvez a maioria das orientações jurídicas sejam derrotáveis, embora o grau de abertura das suas condições de aplicação determine que se fale de princípios e regras (pelo menos em alguns contextos): quando há uma certa lista de condições explícitas, tende-se a falar de regras, quando as condições de aplicação são todas implícitas, tende-se a falar de princípios. Seja como for, podemos adoptar esta estipulação e contemplar colisões entre princípios ou como problemas de conflito entre directrizes que estabelecem deveres ou direitos incondicionais, *prima facie* (Fernandez 2008).

O ponto decisivo para a distinção entre Regras e Princípios é que os Princípios são regras que ordenam que algo seja feito o mais possível, dentro das possibilidades legais e reais existentes.

Por conseguinte, os Princípios são mandatos de optimização, que podem ser cumpridos em diferentes graus e a extensão do seu cumprimento depende não só das possibilidades reais mas também das possibilidades legais.

As regras, por outro lado, são normas que só podem ser cumpridas ou não. Se uma regra é válida, então deve ser feito exactamente o que ela exige, nem mais nem menos. Por conseguinte, as regras contêm determinações na área do que é factual e legalmente possível.

Fernández (2008), por exemplo, analisou o sistema jurídico espanhol e mostrou que não consagrou o princípio da razoabilidade (proporcionalidade em Espanha) como um princípio constitucional, mas pelo contrário, os tempos em que foi utilizado têm sido como um conceito relativo.

No entanto, prossegue explicando como é comum utilizar os Princípios Gerais dos Direitos não escritos para preencher lacunas na lei, incluindo o princípio da Proporcionalidade ou Razoabilidade, que por sua vez também servirá para limitar e reduzir o âmbito das Regras Jurídicas explicitamente formuladas na Lei.

Os Princípios da Razoabilidade e da Proporcionalidade foram identificados como Princípios Constitucionais, que, como indicado acima, formam uma subcategoria dos Princípios Gerais do Direito e, portanto, cumprem as mesmas funções que estes últimos, nomeadamente que são princípios superiores que

Informam todo o sistema jurídico, que apoiam e que constituem um meio de interpretação da lei.

Contudo, apesar da sua importância, foram feitas várias críticas, principalmente de natureza teórico-metodológica, ao princípio. Entre estas críticas está a acusação de falta de clareza conceptual, que a sua utilização desencadeia uma justiça difícil de controlar no caso concreto, a dificuldade de identificar em termos estritamente legais os Direitos e bens que são utilizados no seu funcionamento, a incomensurabilidade, a impossibilidade de medir objectivamente as vantagens e sacrifícios na insatisfação ou satisfação dos Direitos (de Assis 2006).

As críticas ao princípio da proporcionalidade levantam duas questões de indubitável significado. Por um lado, a acusação de falta de justificação de uma análise dos Direitos de Certeza que existe na utilização deste Princípio. Esta crítica mostra que a utilização do Princípio da Proporcionalidade é algo extremamente valioso, ou seja, independentemente do facto de se realizar tomando como referência o texto constitucional, implica a adopção de pontos de vista, significados e hierarquias de valores questionáveis.

O que pode ser assegurado, por síntese, é que independentemente de se falar de Razoabilidade como Princípio ou Regra, de ambas as perspectivas falamos de uma norma, uma vez que ambas estabelecem o que é devido (Alexy 2007).

Portanto, cada regra ou é uma Regra ou um Princípio, portanto, independentemente de ser um Princípio, o seu valor é equivalente a uma Regra.

D. A razoabilidade como Controlo Constitucional

O princípio da razoabilidade é também o método normalmente utilizado pelos tribunais para resolver a colisão circunstancial entre direitos fundamentais ou entre direitos e outros bens constitucionais.

É um princípio constitucional sem nome, que funciona como um limite à restrição dos direitos fundamentais, e que deve ser respeitado pelo legislador, pelo juiz e pela administração pública (Vargas 1998).

O operador legal deve procurar maximizar a Razoabilidade quer na sanção de qualquer acto normativo, quer na interpretação, na sua aplicação e controlo.

Uma vez que os poderes regulamentados estabelecem uma única linha de acção, não podem ser sujeitos ao escrutínio do Princípio da Razoabilidade, que visa precisamente avaliar as escolhas feitas pela administração. Não há nenhum julgamento subjectivo a ser avaliado (Lépiz 2009).

A administração carece de liberdade uma vez que é obrigada a cumprir rigorosamente o que é estabelecido por lei, sem quaisquer lacunas para apreciar os factos e fazer uma escolha. Assim, os poderes regulados não podem tornar-se objecto de Controlo da Razoabilidade. Este Princípio foi então concebido para uma análise superior e mais complexa: o Julgamento de conveniência e oportunidade.

O termo jurídico, que combina elementos característicos da justiça no caso específico, mede o impacto nos cidadãos da intervenção do Estado, de a lógica, de moderação no exercício do poder; com o fardo ou dever de motivar que recai sobre o Estado (Fernández 2008).

O ponto de partida é analisar como os diferentes sistemas jurídicos utilizaram critérios para controlar o conteúdo das leis e a sua conformidade com a ordem constitucional. Este controlo é conhecido como a exigência da Razoabilidade das leis. Dado que é uma máxima legal que as leis devem manter um certo grau de razoabilidade para estarem em conformidade com a constituição, este requisito foi elevado ao nível de um princípio constitucional (Sapag 2008).

A ideia com isto é valorizar a legitimação da acção pública e que, por sua vez, a legitimação é a proibição da arbitrariedade (Lépiz 2009).

"Como é sabido, os princípios da razoabilidade e proporcionalidade são estabelecidos no estado de direito social e democrático como um limite intransponível à arbitrariedade. Assim, a teoria da interdição da arbitrariedade é agora pacificamente aceite. Por esta razão, o exercício de poderes discricionários não autoriza qualquer órgão ou entidade a ditar regras e actos arbitrários que violem princípios elementares de justiça e equidade. Neste sentido, as leis, tal como os actos da Administração Pública, devem ser adequadas, necessárias e proporcionais no sentido estrito. Por outro lado, é uma tese de princípio da doutrina mais autorizada do Direito Constitucional e dos Tribunais Constitucionais, bem como dos Tribunais

O Direito Internacional dos Direitos Humanos, a validade e aplicação destes princípios. Com efeito, foi claramente afirmado que a razoabilidade é um princípio constitucional, decorrente do Estado de direito como garantia de protecção dos direitos fundamentais" (Câmara Constitucional do Supremo Tribunal de Justiça San José Vote: 20110-6805. Res. 20110- 6805).

No Acórdão n.º T-260-93 do Tribunal Colombiano, é indicado o seguinte:

"Este privilégio da administração, na decisão e execução dos seus actos, continua a ser um privilégio mas não pode ser arbitrário porque a administração não é um fim em si mesma mas está ao serviço da comunidade e porque é da essência do estado social de direito que a protecção jurídica do trabalhador é executada, sem demora. Por outras palavras, a autogovernação administrativa tem um limite: a razoabilidade".

Fernandez (2008) menciona que:

*"Combina elementos característicos da justiça, mede o impacto nos cidadãos da intervenção do Estado, da lógica da moderação no exercício do poder; com o fardo ou dever de motivar que recai sobre o Estado. A razão de ser, portanto, da proibição do excesso ou da proporcionalidade **(Razoabilidade)** reside na necessidade de legitimar a acção do Estado a fim de evitar que o cidadão se torne um mero objecto ou destinatário*

de intervenção pública. É considerado o mais antigo e mais geral controlo legal da intervenção estatal" (O negrito não é do original).

Há necessidade de legitimar a acção do Estado e a medição dos instrumentos que podem ser legalmente utilizados, de modo a evitar que o cidadão se torne um objecto e antes um indivíduo com a certeza de que as regras e medidas que são aplicadas são as mais relevantes.

Funciona também como um limite constitucional ao poder do Estado, e um critério de controlo das normas para que o seu conteúdo esteja em conformidade com a lei e que os direitos fundamentais não sejam afectados ou alterados (Sapag 2008).

Poder-se-ia dizer que é apresentado como um controlo por parte dos cidadãos sobre o poder através dos seus representantes.

É precisamente dentro do Princípio da Supremacia Constitucional que o Princípio da Razoabilidade se situa como um subprincípio, cuja finalidade será um parâmetro para a avaliação dos actos jurídicos, cuja exigência deve ser orientada para o respeito dos valores expressos na constituição.

A jurisprudência da Câmara Constitucional da Costa Rica menciona o seguinte em relação a este assunto:

"Este poder está sujeito ao princípio da supremacia constitucional, que impõe a observância do princípio da razoabilidade e proporcionalidade, ao abrigo do qual as disposições emitidas pelo Legislador devem ser examinadas.

Do mesmo modo, os meios utilizados pelo Estado para evitar o conflito acima mencionado não devem colocar o destinatário numa situação que torne nugatório o gozo dos seus direitos fundamentais" (Câmara Constitucional, Nº 1749 de 14:30 h, 7 de Março de 2001).

A posição do Princípio da Razoabilidade foi reconhecida como derivada do Princípio da Supremacia Constitucional.

A análise da validade constitucional de uma regra não pode ser limitada a um mero controlo formal ou adjectivo; é necessário um Controlo Constitucional da Razoabilidade e Proporcionalidade sobre o próprio conteúdo da regra: os meios arbitrados e os seus fins, e o seu respeito pelos Direitos Fundamentais (Sapag 2008).

Em suma, a razoabilidade marca um limite para a actividade pública que, se excedido, significa uma violação da Constituição Política que deve necessariamente ser corrigida, quer expulsando-a do sistema, quer fixando-a de modo a que esteja em conformidade com o exercício dos Direitos Fundamentais.

Por seu lado, o Tribunal Constitucional espanhol, no Acórdão n.º 55/1996 de 28 de Março de 1996, referindo-se ao princípio da razoabilidade, advertiu que o princípio não constitui um cânone autónomo de constitucionalidade nessa ordem, cuja reivindicação pode ser feita de forma isolada de outras disposições constitucionais. É, se quiser, um princípio que pode ser inferido a partir de certos preceitos constitucionais e, em particular, dos aqui invocados e, como tal, funciona essencialmente como um critério de interpretação.

O Controlo Constitucional da Razoabilidade não é infalível, uma vez que os seus resultados dependerão, em grande medida, do operador jurídico, da sua avaliação e interpretação dos factos, dos Direitos Constitucionais, das suas opiniões fundamentais, dos meios utilizados pela norma e da compreensão do fim ou objectivos da norma. O princípio é que os juízos devem ser baseados em razões e argumentos claros e precisos para decisões num sentido ou noutro.

Por outro lado, Otto Lépiz (2009) assegura que a Razoabilidade tem um carácter relativo e que depende das circunstâncias intrínsecas de quem a ela tem de recorrer, porque obedece à sua visão e experiência de vida.

No entanto, nem tudo o que é razoável é sempre justo. A história está cheia de exemplos de medidas razoáveis mas intrinsecamente injustas. Isto não quer dizer que um argumento solidamente baseado na Razoabilidade contribua para alcançar a justiça.

E. Fundamentos da razoabilidade legal

A Jurisprudência Constitucional considera o Princípio da Razoabilidade como um dos princípios integrais do Direito Constitucional, que cumpre os requisitos de generalidade e potencial jurídico. Embora seja verdade que não está expressamente regulamentado pela Constituição, alguns artigos contêm vestígios (não claros ou suficientes para apoiar uma posição) que podem ser considerados (Sánchez 2003).

Uma vez que faz parte da Constituição, faz parte do sistema jurídico, do qual é a fonte e o princípio da formação.

O caso do artigo 24 sobre a obrigação dos funcionários de "raciocinar" resoluções que permitem a intervenção de comunicações. Por outro lado, existe o Artigo 173, parágrafo 1, relativo ao veto fundamentado em matéria municipal. Como acima referido, ambos os artigos não são a base do princípio da razoabilidade, mas permitem o estabelecimento, pelo menos "literalmente", de um enviesamento para a consideração deste princípio (Sánchez 2003).

Além disso, o Artigo 28 da Constituição Política da Costa Rica, do qual deriva o Princípio Constitucional, que inibe o legislador de regular acções que não sejam contrárias à ordem pública moral ou aos bons costumes. Ao mesmo tempo, obtém-se o princípio da reserva do direito, ou seja, quando uma matéria só deve ser regulamentada pelo legislador em detrimento da competência de outros poderes ou órgãos do Estado.

Outros autores retiram o princípio de um estudo dos artigos 39º e 40º da Constituição, que são interpretados de acordo com o princípio do devido processo, e concluem que qualquer pena imposta de forma desproporcionada, tal como penas desumanas que não são proporcionais à gravidade do acto cometido e à responsabilidade do perpetrador, está em conflito com a ideologia constitucional (Vargas 1998).

Outro exemplo é o direito à greve, que é reconhecido na lei costarriquenha, mas a manutenção dos serviços essenciais deve ser assegurada da comunidade. É assim entendida como qualquer norma, pode implicar um objectivo concreto de Razoabilidade.

Na Europa, se encontrar uma consagração explícita na Convenção Europeia dos Direitos do Homem e das Liberdades Fundamentais (2010) nos seus artigos 8, 9, 10 e 11 da Convenção:

"Artigo 8º Direito ao respeito pela vida privada e familiar, onde não pode haver interferência da autoridade pública no exercício deste direito, excepto na medida em que tal interferência esteja prevista por lei e constitua uma medida que, numa sociedade democrática, seja necessária para a segurança nacional, a segurança pública.

Liberdade de pensamento, consciência e religião, cujas convicções não podem estar sujeitas a outras restrições para além das previstas na lei e que constituem medidas necessárias numa sociedade democrática Artigo 10º Liberdade de expressão, quando o exercício destas liberdades, que acarretam deveres e responsabilidades, possa estar sujeito a determinadas formalidades, condições, restrições ou sanções, previstas por lei, que constituam medidas necessárias, numa sociedade democrática Liberdade de reunião e de associação: o exercício destes direitos não pode estar sujeito a outras restrições para além das previstas na lei e que constituem medidas necessárias numa sociedade democrática, no interesse da segurança nacional e da segurança pública.

Por sua vez, o Tribunal Europeu dos Direitos do Homem, na sua jurisprudência, tem funcionado frequentemente com o Princípio do Controlo das Intervenções dos Estados Membros na Protecção dos Direitos e Liberdades Fundamentais, tal como reconhecido pela Convenção. O Tribunal de Estrasburgo declarou igualmente que os Estados-Membros devem respeitar os requisitos de proporcionalidade ou razoabilidade.

Tem uma importância na Comunidade Europeia, ou no Conselho da Europa, na Constituição Europeia (2004), na Carta dos Direitos Fundamentais (2000), no Tratado Constitucional da União (2004), no Tratado de Lisboa (2004), e no direito público alemão, espanhol, austríaco, suíço, francês, italiano e britânico, entre outros.

F. Características da razoabilidade legal

Para começar, é apropriado reconhecer que a aplicação do princípio da razoabilidade não pode ser totalmente racional se não for aplicada aos direitos fundamentais.

Do mesmo modo, aplica-se a um Controlo Constitucional onde a Razoabilidade é realizada através da aplicação de uma série de regras ou julgamentos às Leis que são submetidas ao seu rigor, em geral, num caso litigioso.

A jurisprudência continental faz três julgamentos com base no sistema dos três sub-princípios. Que o controlo da razoabilidade, a fim de gozar de rigor científico, deve ser sistematicamente organizado numa série de testes que servem para determinar a validade constitucional do conteúdo de uma norma. De acordo

Com o sistema dos três sub-princípios, é necessário analisar a Razoabilidade ou Proporcionalidade de uma medida, aplicando os julgamentos de forma escalonada e exclusiva.

O chamado Princípio que tem sido repetidamente mencionado nesta investigação, constitui na realidade um sistema a que muitos autores chamaram "Teste de Razoabilidade" (Fernandez 2008).

"Este protocolo é aplicado por fases, de modo que se o exame de uma primeira fase for insatisfatório, é desnecessário continuar com o estudo do resto dos aspectos, embora, em alguns casos, para uma maior força do fracasso, seja possível aprofundá-lo. É um "protocolo" útil para forçar o juiz a explicar porque é que uma determinada medida é considerada desproporcionada. Parte deste exercício envolve a ponderação do grau de perigo da conduta sancionada em relação ao bem protegido" (Res. n.º 2011013393 Câmara Constitucional do Supremo Tribunal de Justiça. São José).

A ideia é propor uma metodologia de aplicação deste princípio que seja útil para apresentar os argumentos utilizados para classificar algo como razoável ou não[6].

Deste modo, funciona como um verdadeiro teste através do qual se efectua uma verificação dos actos regulamentares, a fim de determinar se estão ou não em conformidade com o

---

[6] Res. Nº 2011013393 Câmara Constitucional do Supremo Tribunal de Justiça. São José, às catorze horas e trinta minutos de 5 de Outubro de 2011

Constituição, e como instrumento para fornecer as razões do que foi decidido (Sapag 2008).

"A doutrina alemã contribuiu para a questão da 'razoabilidade identificando, os seus componentes: legitimidade, adequação, necessidade e proporcionalidade no sentido estrito. A legitimidade refere-se ao facto de que o objectivo pretendido pelo acto ou disposição em questão não deve ser legalmente proibido; a adequação indica que a medida estatal em questão deve ser adequada para alcançar efectivamente o objectivo pretendido; a necessidade significa que entre várias medidas igualmente adequadas para alcançar esse objectivo, deve escolher aquela que afecta o menos possível a esfera jurídica da pessoa; e a proporcionalidade no sentido estrito prevê que a regra deve ser adequada e necessária, e não deve ser desproporcionada em relação ao objectivo pretendido" (Câmara Constitucional da Costa Rica, Voto n.º 3933-98).

Assim, existem três subprincípios que derivam do máximo da Razoabilidade: o subprincípio da adequação ou adequação, o subprincípio da necessidade ou indispensabilidade, e o subprincípio da proporcionalidade (no sentido estrito se o princípio da proporcionalidade for utilizado na Europa).

O número 2008-05179 às 11:00 da manhã do dia 4 de Abril de 2008, da Câmara Constitucional de São José ratificou o acima exposto quando afirmou que as componentes de Razoabilidade ou Proporcionalidade são Necessidade, aptidão e proporcionalidade no sentido estrito. Assim, um acto limitador ou declarativo de Direitos é Razoável quando cumpre uma condição tripla: é necessária, adequada e proporcional.

Na frase número 08858-98, das dezasseis horas e trinta e três minutos de 15 de Dezembro, dezanovecentas e noventa e oito, foi objecto de um desenvolvimento recente, resolução em que foram indicadas as directrizes para a sua análise, tanto dos actos administrativos como das normas de carácter geral:

*"Assim, um acto limitador de direitos é razoável quando satisfaz uma tripla condição: é **necessário, apropriado** e **proporcional**. A necessidade de um medida refere-se directamente à existência de uma base factual que torna necessário proteger alguns bens ou conjunto de bens da comunidade - ou de um determinado grupo - através da adopção de uma medida de diferenciação. Por outras palavras, se esta acção não for empreendida, interesses públicos importantes serão prejudicados. Se a limitação não for necessária, não pode ser considerada razoável, e portanto constitucionalmente válida. A adequação da medida depende de um julgamento sobre se o tipo de restrição a adoptar cumpre ou não o objectivo de satisfazer a necessidade detectada. A inadequação da medida indicaria que pode haver outros mecanismos que poderiam resolver melhor a necessidade existente, alguns dos quais poderiam cumprir o objectivo proposto sem restringir o gozo do direito em questão. Por seu lado, a proporcionalidade remete-nos para um juízo de comparação necessária entre o objectivo prosseguido pelo acto e o tipo de restrição que é imposta ou se pretende impor, de modo a que a limitação não seja de uma entidade, marcadamente superior ao benefício que se pretende obter em benefício da comunidade. Dos dois últimos elementos, poder-se-ia dizer*

que a primeira se baseia num julgamento qualitativo, enquanto a segunda se baseia

numa comparação quantitativa dos objectos analisados

Mesmo assim, Robert (1993) argumenta que a máxima de proporcionalidade não é tanto um princípio, mas um conceito que regula a aplicação de todos os princípios no sistema jurídico quando entram em conflito, e que engloba três regras: adequação, necessidade e proporcionalidade no sentido estrito (Sapag 2008).

Estes são três aspectos segundo os quais se compara a proporção entre o Princípio protegido pelos meios arbitrados e o Princípio protegido pela finalidade pretendida. Desta forma, a constitucionalidade dos actos do governo é controlada com base numa análise entre a medida e o objectivo pretendido ou, por outras palavras, entre os custos e benefícios de uma medida.

Mas é também um critério que nos permite analisar a constitucionalidade dos direitos fundamentais. De acordo com o Tribunal Constitucional espanhol, deve perguntar-se se uma intervenção em matéria de direitos fundamentais cumpre os requisitos dos sub princípios de adequação, necessidade e proporcionalidade (no sentido estrito) seria então constitucional; nos termos da decisão:

"se tal medida for susceptível de alcançar o objectivo proposto de

assegurar a ordem pública sem perigo para as pessoas e bens; se,

além disso, for necessária no sentido de que não existe outra medida

mais moderada para a realização desse objectivo com igual

---

[7] Acórdão número 08858-98, de 16:33 horas de 15 de Dezembro de 1998 Câmara Constitucional da Costa Rica.

eficácia e, finalmente, se é proporcional, ou seja, ponderada ou equilibrada porque deriva mais benefícios ou vantagens para o interesse geral do que danos a outros bens ou valores em conflito" (Alexy 2007).

Estes sub-princípios são aplicados de forma sucessiva e escalonada, de modo que se um deles não for cruzado, a regra deve ser declarada inconstitucional (Sapag 2008).

O facto de estas regras serem derivadas não retira ao seu carácter de Princípio, uma vez que são testes, ou julgamentos de verificação da Razoabilidade ou Proporcionalidade de uma norma. De facto, se o que se procura é o maior grau possível de Proporcionalidade ou Razoabilidade, e para detectar a falta de razoabilidade de uma norma, alguns julgamentos específicos são indispensáveis. Estes julgamentos, ou regras, são directrizes que dão um certo grau de objectividade e determinação ao Princípio da Razoabilidade.

Bernal pulido (2003) assinala que *"os sub princípios de proporcionalidade têm o carácter de regras"*.

De facto, no Acórdão 253/1993 de 29 de Novembro de 1993 do Tribunal Constitucional espanhol, foi expresso o seguinte em relação a esta situação:

"O teste da razoabilidade depende também do tipo de teste a verificar e, a este respeito, o critério a exigir é a existência de um parâmetro objectivo que, para além de qualquer dúvida razoável, permita estabelecer inequivocamente o que deve ser avaliado como respostas correctas a determinados

questões. Em geral, os exames de escolha múltipla são mais propícios à existência destes parâmetros objectivos e à determinação correlativa e inequívoca das respostas correctas.

O princípio da proporcionalidade e os requisitos dos sub princípios expressam um conjunto de condições de racionalidade que todas as medidas estatais devem cumprir, e que também têm uma ligação com o conteúdo da deliberação política, tornando-se então um limite constitucional à acção do legislador, que este deve respeitar (Sanchez 2007).

Impõe um belo exame, muitas vezes profundo e subtil, da relação entre um determinado interesse público ou outro princípio, não só protegido mas também constitucionalmente exigido, que afectaria um direito fundamental e a sua eficácia, e levanta argumentos que nos obrigam a ir além da indubitável legitimidade constitucional deste último.

E.1 Necessidade

O julgamento ou subprincípio da necessidade (ou indispensabilidade como também é conhecido) examina o grau de proporcionalidade da medida em relação a outras medidas igualmente eficazes ou mesmo mais eficazes, olhando primeiro para outras medidas igualmente eficazes ou mais eficazes (Sapag 2008).

A Câmara Constitucional da Costa Rica reitera isto quando afirma que a necessidade significa que, entre várias medidas igualmente adequadas para alcançar este objectivo, a autoridade competente deve escolher a que afecta o menos possível a esfera jurídica da pessoa (Acórdão da Câmara Constitucional nº 03933-98, dos nove

45

horas e cinquenta e nove minutos no décimo segundo dia de Junho do ano de mil novecentos e noventa e oito).

O julgamento da necessidade nada mais é do que um controlo de qualidade das regras que regem os direitos fundamentais. É um requisito do princípio da razoabilidade que a norma adoptada para alcançar o objectivo pretendido é a melhor, e não apenas a eficaz ou apropriada (Sapag 2008).

Para tal, é necessário considerar as circunstâncias da medida: tempo, maneira e lugar; neste sentido, o padrão razoável será, entre outras coisas, aquele que for mais económico, aquele que atingir o objectivo no menor tempo possível, aquele que implicar menos custos e esforços para a comunidade, aquele que regular o menor número de pressupostos de facto e assuntos alcançados, etc.

O acto legislativo deve ser adequado à realização dos objectivos que lhe estão subjacentes; deve ser necessário, deve impor o mínimo de restrições aos Direitos Fundamentais, o que significa que os meios empregues pelo legislador devem ser adequados e necessários para atingir o objectivo proposto e, é necessário, quando o legislador não poderia ter escolhido outro meio, igualmente eficaz, mas que não limite ou torne menos sensível o Direito Fundamental (Câmara Constitucional do Supremo Tribunal de Justiça São José, às 10:31 do vigésimo sétimo dia de Maio de dois mil e onze. Res. 20110- 6805).

Portanto, a medida legislativa que restringe um Direito Fundamental deve ser a estritamente indispensável para satisfazer o fim a que se pretendem opor porque: é a menos onerosa para a Lei afectada, entre diversas opções igualmente adequadas para alcançar o objectivo acima mencionado ou não existem opções para cumprir o objectivo prosseguido ou as disponíveis afectam a lei que está a ser intervencionada em maior medida. Se um dos casos acima mencionados não estiver presente, a medida em questão será ilegítima porque implicaria um direito fundamental que não é estritamente necessário (Sánchez 2007).

O estudo para estabelecer se é ou não necessária uma dada medida restritiva dos direitos fundamentais requer uma análise da eficácia das suas alternativas, de acordo com as ciências e técnicas aplicáveis.

A necessidade de uma medida refere-se directamente à existência de uma base factual que torna necessário proteger alguns bens ou conjuntos de bens da comunidade ou de um determinado grupo, adoptando uma medida de diferenciação. Por outras palavras, se tal acção não for tomada, interesses públicos importantes serão prejudicados. Se a limitação não for necessária, não pode ser considerada razoável e, portanto, constitucionalmente válida (Res. n.º 2008-05179 câmara constitucional do supremo tribunal de justiça. San José, às 11:00 a.m. do dia 4 de Abril de 2008).

A este respeito, é importante notar a sentença nº 90, 145 da Segunda Câmara do Tribunal Constitucional Federal Alemão, proferida em 9 de Março de 1994, que declara

"De acordo com este princípio de razoabilidade, a lei que restringe um direito fundamental deve ser adequada e necessária para alcançar o fim desejado. Uma lei é adequada, (ou apropriada) quando com a sua ajuda o resultado desejado pode ser alcançado; é necessária, quando o legislador não poderia ter escolhido outro meio igualmente eficaz que não restrinja ou limite o direito fundamental em menor medida. Além disso, a fim de ponderar plenamente a gravidade da intervenção em relação ao peso, bem como a profundidade dos motivos que a justificam, devem ser tidos em conta os limites de aplicabilidade para os destinatários da proibição. As medidas não devem, portanto, ser demasiado onerosas (proibição do excesso ou dever de proporcionalidade no sentido estrito)".

Muitas decisões legislativas têm vícios de afectar legitimamente uma regra *ius* fundamental, especialmente quando é invocado um interesse constitucional para a justificar; mas uma análise mais profunda e detalhada das mesmas resulta na violação desnecessária de uma posição jurídica constitucionalmente garantida aos governados, uma vez que existem alternativas de decisão que deixam de afectar um ou vários direitos fundamentais e que obtêm melhores resultados para o objectivo que prosseguem ou trazem ambas as consequências (Sánchez 2007).

Cianciardo (2004) argumenta que é um erro que os juízes se isentem deste controlo, e resume a sua posição em seis argumentos:

Em primeiro lugar, os Direitos são considerados operacionais e cabe aos juízes torná-los tão operacionais quanto possível.

Em segundo lugar, os organismos públicos desempenham um papel activo na promoção, pelo que os juízes são também chamados a fazê-lo.

Em terceiro lugar, o princípio da razoabilidade pode ser transformado num meio para acabar por justificar uma forte interferência nos direitos fundamentais.

Em quarto lugar, a mesma ideia de princípio significa que devem ser optimizados, pelo que a sua aplicação não pode ser limitada quando são chamados a maximizar.

Em quinto lugar, a teoria jurídica contemporânea reconhece que uma aplicação mecânica do direito é impossível e que os juízes não podem escapar à avaliação.

Finalmente, o juízo de necessidade deve ser harmonizado com o de auto-contenção ou a declaração de inconstitucionalidade como a última relação no sistema jurídico.

E.2 Adequação

O julgamento ou subprincípio da adequação (ou adequação) é detectar o objectivo da medida e depois determinar se ela é constitucionalmente e socialmente relevante. Uma vez detectado o fim, deve ser analisado se os meios são adequados para o atingir. Este é um juízo de eficácia, ou seja, os meios para atingir de alguma forma o fim proposto (Sapag 2008).

Uma regra que estabeleça meios que não sejam capazes de alcançar o fim desejado deve ser declarada inconstitucional por irrazoabilidade (Sapag 2008).

Deve notar-se que a adequação não examina a medida mais eficaz para alcançar o objectivo, mas que é solvente para alcançar o objectivo considerado imperativo.

Significará que uma medida é válida para alcançar um objectivo previamente proposto (Lépiz 2009).

É importante julgar se o tipo de restrição a adoptar satisfaz ou não a necessidade identificada. A adequação da medida indicaria que pode haver outros mecanismos que resolvam melhor a necessidade existente, alguns deles podem satisfazer o objectivo proposto sem restringir o gozo do direito em questão (Res. n.º 2008-05179 câmara constitucional do supremo tribunal de justiça. San José, às 11h00 do dia 4 de Abril de 2008).

Esta adequação expressa o requisito de que qualquer limitação a um direito (desenvolvimento de um direito) deve ser adequada em relação a um fim constitucionalmente legítimo (de Assis 2006).

Examina a eficácia dos meios adoptados em relação ao objectivo perseguido pela norma (Sapag 2008).

A adequação indica que a medida estatal em questão deve ser adequada para alcançar eficazmente o objectivo pretendido (Acórdão da Câmara Constitucional número 03933-98, às 9:59 da manhã do dia doze de Junho do ano de mil novecentos e noventa e oito).

Deve ser analisada no momento e nas circunstâncias da aplicação da regra. Portanto, se era inadequado no momento da sua sanção, mas é adequado mais tarde, é Razoável. Deve também ser analisada de forma abstracta, se em geral os meios não atingirem o objectivo, a regra é inadequada. Em ambos os casos, a inconstitucionalidade deve ser declarada (Sapag 2008).

O juízo será técnico assim que a adequação da medida tiver sido cientificamente provada. Em caso de dúvida, em geral, será a favor da constitucionalidade, uma vez que a prova geralmente reside na pessoa que alega a inconstitucionalidade. É suficiente que a regra atinja o seu objectivo de alguma forma, mesmo que parcialmente, uma vez que o que aqui é julgado é a eficácia e não a eficiência, que é o objecto do julgamento da necessidade (Sapag 2008).

E.3 Proporcionalidade

Este subprincípio é uma ponderação entre os Princípios em jogo; exige, que a medida mantenha uma "Relação Razoável" com o objectivo: examina a relação custo-benefício da medida em relação ao seu objectivo, ou seja, entre o que é obtido pela medida e o que é evitado pela mesma (Sapag 2008).

O princípio da proporcionalidade (também conhecido como ponderação) exprime a necessidade de qualquer limitação adequada e necessária de um direito (desenvolvimento de uma Lei) passa o teste das vantagens e sacrifícios (de Assis 2006).

Em vez de uma ponderação entre dois princípios contraditórios, significa uma comparação dos custos e benefícios da norma: advoga-se que se os custos excederem os benefícios, a norma deve ser declarada inconstitucional (Sapag 2008).

A natureza da medida e a relevância do objectivo devem ser avaliadas, o que implicará, de alguma forma, uma avaliação pelos juízes que deve ser suficientemente fundamentada (Sapag 2008).

Mas os danos para os direitos fundamentais resultantes da medida tomada não podem ser substancialmente maiores do que o benefício que o objectivo traria (Lépiz 2009).

Por seu lado, a proporcionalidade refere-se a um juízo de comparação necessária entre o objectivo prosseguido pelo acto e o tipo de restrição que é imposta ou que se pretende impor, de modo a que a limitação não seja significativamente maior do que o benefício que se pretende obter em benefício da comunidade. Dos dois últimos elementos, poder-se-ia dizer que o primeiro se baseia num julgamento qualitativo, enquanto o segundo se baseia numa comparação quantitativa dos dois objectos analisados8

O *teste de equilíbrio* aplicado na lei americana para resolver questões de direitos fundamentais é equilibrar a lei regulada

---

[8] Arquivo: 08-003901-0007-CO Res. No. 2008-05179 Câmara Constitucional do Supremo Tribunal de Justiça. São José, às onze horas do dia 4 de Abril, dois mil e oito

ou afectado pelo direito que procura proteger o objectivo da medida. Um sistema semelhante é aplicado na lei continental com a regra da ponderação ou do conflito. Não é isto que deve ser procurado através do julgamento da proporcionalidade; a ideia de uma hierarquia de direitos, quer abstracta quer concreta, deve ser excluída (Sapag 2008).

Pelo contrário, a intenção é que, através deste julgamento, os meios sejam quantificados e qualificados de alguma forma em relação aos fins a alcançar, a fim de vislumbrar a proporção que deve existir entre os custos e os benefícios e, assim, fornecer as razões para tal.

Os benefícios devem ser sempre superiores aos custos, caso contrário o padrão não faria sentido. Não deve ser efectuada uma análise quantitativa, mas também uma análise do custo económico, dos temas alcançados e dos temas beneficiados, do prolongamento da medida no tempo e no espaço, etc. (Sapag 2008).

Prevê que, para além da exigência de que a regra seja adequada e necessária, o que ela ordena não deve ser desproporcionado em relação ao objectivo pretendido, ou seja, não deve ser "aplicável" ao indivíduo (Decisão da Câmara Constitucional n.º 03933-98 de 9:59 da manhã de 12 de Junho de 1998).

O apelo à razoabilidade que consiste no julgamento da igualdade refere-se a um esforço para justificar racionalmente a decisão e contém um conflito entre Princípios e desigualdades factuais parciais que postulam tendências contraditórias, o que pode alegar a seu favor um dos sub princípios que compõem a igualdade, e haverá sempre uma razão para tal (Fernández 2008).

53

CONCLUSÕES

O princípio da razoabilidade implica que o Estado pode limitar ou restringir o exercício abusivo do direito, mas deve fazê-lo de forma a que a norma jurídica seja adequada em todos os seus elementos, tais como a razão e a finalidade que persegue, com o sentido objectivo previsto na Constituição.

Isto significa que deve haver proporcionalidade entre a norma jurídica adoptada e o fim que persegue, referindo-se à necessidade imperativa de a lei satisfazer o senso comum jurídico da comunidade, expresso nos valores consagrados na própria Constituição9.

A jurisprudência constitucional costa-riquenha tem sido clara e reactiva ao considerar o princípio da razoabilidade como um parâmetro de constitucionalidade nos seguintes termos:

"A lei da Constituição, composta pelas regras e princípios da Constituição e do direito internacional e, em particular, dos seus instrumentos de direitos humanos, como fundamentos primários de qualquer ordem jurídica positiva, transmite-lhe a sua própria estrutura lógica e significado axiológico, baseada em valores que precedem mesmo os próprios textos legislativos, que são, por sua vez, a fonte de qualquer sistema regulamentar específico de uma sociedade organizada sob os conceitos de Estado de direito, regime constitucional, democracia e liberdade, de modo a que qualquer regra ou acto que viole esses valores ou

---

[9] Acórdão número 1420-91, das 9:00 a.m. de 24 de Junho de 1991 Câmara Constitucional da Costa Rica.

princípios - incluindo os de racionalidade, razoabilidade e proporcionalidade, que são

por definição critérios de constitucionalidade - ou que conduzem a situações absurdas,

a danos gravemente injustos ou a becos sem saída para os indivíduos ou o Estado, não

podem ser constitucionalmente válidos".10

---

10 Sentença número 3495-92, de 14:30 horas de 19 de Novembro de 1992 Câmara Constitucional da Costa Rica

BIBLIOGRAFIA

Alexy R. (2007) A Fórmula do Peso. Departamento de Publicações da Universidad Externado de Colombia.

Alexy R. (2007) Teoria dos Direitos Fundamentais. 2ª Edição. Editorial Centro de Estudios Políticos y Constitucionales. Espanha.

Barnes J. (1994) Introduction to the Principle of Proportionality in Comparative and Community Law. Journal of Public Administration. Espanha.

Bazán J. e Madrid (1991) Racionalidad y Razonabilidad en el Derecho. Revista Chilena de Direito V 18 N° Madrid, Espanha.

Bidart campos G. (2000), Tratado elemental de derecho constitucional argentino, buenos aires, edit, ii-a.

Bobbio N. (1994) General Theory of Law. Reimpressão da segunda edição. Editorial Temis S.A. Santa Fé Bogotá Colômbia.

Cianciardo J. (2003) Princípios e Regras: Uma abordagem a partir dos critérios de distinção. Boletim Mexicano de Direito Comparado, No. 108.

Cianciardo J. (2005) Del Debido Proceso Sustantivo al moderno juicio de proporcionalidad. Dikalon N 14. Colômbia.

Dromi J. (1980) Subjective Law and Public Liability. Editorial TEMIS Bogotá Colômbia.

Fernández Nieto J. (2008) Principio de Proporcionalidad y Derechos Fundamentales: Una perspectiva desde el derecho público común europeo. Editorial DYKINSON Madrid. Espanha.

González Solano G. (1996) La rationalidad Jurídica de las sentencias de la CIDH. Tese para o grau de Licenciatura. Universidade da Costa Rica. San José, Costa Rica.

Haba E. P. e Barth J. F. (2004) Los Principios Generales del Derecho Editorial Investigaciones Jurídicas. São José Costa Rica.

Hauriou A. (1979). Direito Constitucional e Instituições Políticas. Editorial Ariel, Barcelona, Espanha.

Lepiz O. (2009) O Julgamento Rigoroso da Razoabilidade. Tese Pós-graduação

Universidade da Costa Rica.

Linares J. (2002) Razonabilidad de las Leyes. O devido processo como garantia inominável na constitucionalidade. 2 edição Buenos Aires Argentina.

Mans Puigarnau J. (1978) Lógica para Juristas Editorial Bosch S.A. não indica edição. Espanha.

Pereira Sáez C. (2004) Una Contribución al Estudio del Empleo del Principio del Principio de Proporcionalidad en la Jurisprudencia Reciente del Tribunal Constitucional. I Anuario da Facultade de Dereito da Universidade da Coruña REV AD Nº 08, Espanha.

Perelman C. (1984) Razoabilidade e desrazoabilidade na lei. Para além do positivismo legal. Libraire generale des Droit et de Jurisprudence. París Francia.

Sánchez Delgado D. (2003) El Principio de Razonabilidad: Origen, Desarrollo y Utilización en la Doctrina y la Jurisprudencia Costarricense. Tese para o Mestrado em Direito Constitucional. Universidade Nacional Estatal à Distância. Costa Rica.

Sapag Mariano A. (2008) O Princípio da Proporcionalidade e Razoabilidade como limite constitucional do Estado: um estudo comparativo. Di Kaion No. 17 Universidad de la Sabana. Colômbia.

Vargas 1998Sánchez Gil, R. (2007) El Principio de Proporcionalidad Instituto de Investigaciones jurídicas. México.

Vargas Montero A. (1998) Los Principios de la Razonabilidad y la Proporcionalidad dentro del Proceso Penal. Tese da Universidade da Costa Rica.

Vargas Sánchez Gil, R. (2007) El Principio de Proporcionalidad Instituto de Investigaciones jurídicas. México.

Printed by Books on Demand GmbH, Norderstedt / Germany